Freddy Derwahl
wenn die mondsichel lacht

Freddy Derwahl

wenn die mondsichel lacht

Gedichte

udo degener verlag

Du hast mich verwundet, Schwester, Gemahlin.

Hoheslied 4, 9

sage kein wort
nichts ist zu fassen
zerrissen zerbissen
der großen stille überlassen
damit sie eilend im traume
den letzten küssen
selbst das erinnern raube

liege ganz still
am offenen fenster
höre den wind erzählen
es quälen dich keine gespenster
auf letzten fieberreisen
wirst keine stunden zählen

als ob der sommer schon ginge

als ob der sommer schon ginge
die sonnen die blumen die zeit
im wasser die kreisenden ringe
sind ganz der stille geweiht

die abende schwer sie verkürzen
dem wogenden wind sein spiel
wilde tauben steigen und stürzen
aus der freiheit aufs tödliche ziel

das dunkel verbirgt schon die beute
noch spät fällt die frucht wie ein stein
in das verlassene heute
du bleibst diese nacht allein

im dank

für schwester gratia

über den tag hinaus
nur unverletzbarkeit
die nacht ein lichterhaus
und strahlende einsamkeit

im schnee frische spuren
in die tieferen schichten
wie unter sonnenuhren
wie in kindergeschichten

in zitternden händen
die sprudelnde quelle
auf weißen wänden
schon frühe schon helle

komm lass uns bleiben
nichts als die fülle
versinken verweilen
nur staunen nur stille

gebet zum heiligen antonius

du bist der patron für verlorene sachen
für drei vaterunser eintrittsgeld
lässt sich im fundbüro noch etwas machen
wenn uns die welt aus den händen fällt

verloren gehen die regenwälder
der kabeljau der rote milan
marienblümchen weizenfelder
und müll treibt träg im ozean

es schmilzt das eis im all fliegt schrott
was ist nur los bei euch da oben
es schmilzt sogar der liebe gott
vielleicht will er den rückflug proben

das heil ist keine himmelswiese
das kalte herz flieht heilige namen
zeig uns im verlorenen paradiese
den baum wo die reifen früchte waren

bei anbruch der nacht

für josée weisweiler †

als hättest du dich verwelken lassen
du frühlingsbraut im schlohweißen haar
jetzt bist du nicht mehr zu fassen
wo die wehrlose liebe war

du gehörtest den wäldern und meeren
in verwegenen spielen die so leicht
so schnell nicht wiederkehren
der mond zieht in sein winterreich

hast ihn alleine lassen müssen
deckst ihn zu bei anbruch der nacht
bei deinen schwesterlichen küssen
ist er noch einmal aufgewacht

du gehst voraus in den anderen garten
wo quellen und licht zuhause sind
und wirst in der frühe auf ihn warten
mit offenen armen wie ein kind

nur noch stein

nur noch stein sein
vom wüstenwind geschliffen
mit zarter hand ergriffen
die kälte kehrt bald ein

jahrtausendzeichen lesen
in herzen die gefangen
kein leben mehr erlangen
doch nie im tod gewesen

nur noch sucht nach tiefe
nach sturz und letzter stunde
als ob im felsengrunde
die stille mächtig riefe

versink wo keiner schaut
zurück ins reich der quellen
und tausche in den wellen
der härte kalte haut

an den engel

liebst das heimliche überbringen
bist ein flüchtiger emissär
wolltest jakob im kampf bezwingen
fegst die falschen himmel leer

du veränderst den lauf der geschichte
die heiligen kehren zurück
du posaunst zum jüngsten gerichte
brichst der löwen und drachen genick

singst dem scheuen mädchen leise
deinen gruß durch alle zeit
an keinem stein stößt die reise
im felsengrab leuchtet dein kleid

sie werden dich jagen dich hängen
nichts mehr wird sein wie es war
große stille folgt den gesängen
und golden lodert dein haar

der fremde

ich werde im garten warten meine augen senken
wenn gott vorbei geht auf dem weg zu dir
euch blumen streuen etwas weihrauch schwenken
nicht wagen an den keuschen kuss zu denken
an deine sanfte nacktheit neben mir

ich werde durch die späten kneipen ziehen
und sagen dass du heute nacht verhindert seist
ein fremder kam mit dem du in die ferne reist
der von dir alles und du gar nichts weißt
ein dunkler schweiger mit der hand auf deinen knien

dann träum ich sehe nachtgespenster
dass du dich langsam ausziehst tränenlos
du tanzt und hebst die arme überlebensgroß
du öffnest zärtlich deinen warmen schoß
doch steht schon ein heller tag am fenster

der tod des täufers

den mönchen des klosters prodromou auf dem berg athos

du konntest ihr nicht in die augen schauen
sie schwebte über dich hinweg
über die ketten im kerkerversteck
mit dem blick fataler frauen

du hörtest nicht ihre klimpernden ringe
die sterne aus blattgold auf ihrer brust
tänzelnde schritte schleichende lust
komm salomé singe und springe

der könig hebt seine müden arme
die stirn so fahl die haut so weich
verspricht er ihr sein riesenreich
sie will nur dass er sich nicht erbarme

schon gibt er nach dein haupt muss fallen
das beil so blank der henker ausgeruht
auf silberner schale will sie dein blut
und streicht es mit süchtigen krallen

der garten

I eden

meeresbeben
nächte frühe keine
nur erstes schweben
die mühe der steine
vor dem zerbrechen
zu sprechen

schweigen
seiner stimme schatten
in den zweigen
die schon knospen hatten
und aus der stille nach oben
sich manchmal hoben

etwas wind
ging durch die bäume
wie ein kind
durch gottes räume
im tiefen garten
war gottes warten

nichts
als das seine
in des lichtes
erstem scheine
im zeitlosen morgen
ganz geborgen

sonne und sterne
vögel und fische
spielen gerne
an seinem tische
die fülle die weine
das reine

alles teilen
gott weiß
sie verweilen
er hat sooft
im sand geschrieben
nichts als lieben

II gethsemani

alles fließt
die nacht
vergießt
ihre schwere fracht
schweiß und blut
unausgeruht

geht
der sucher der rufer
wenn der wind sich hebt
ans andere ufer
weit von bord
der verborgene ort

freunde welche
im letzten hafen
stehen die kelche
sie aber schlafen
nichts gehört nichts gesehen
von dem wehen

all die träume
wenn sterne ziehen
durch gottes räume
werden sie fliehen
aus dem garten
gott wird warten

die letzte nacht
schon nahen täter
genug gewacht
der arme verräter
was kommen muss
sein tödlicher kuss

III ostermorgen

nur frauen
keine
freunde beim schauen
der tücher das reine
alles glück
kehrt zurück

ein gärtner im garten
es lebt
gottes warten
ein engel schwebt
steine zerbrechen
jetzt wird er sprechen

ein einziges wort
seine schrift im sand
am grabesort
etwas blut an der hand
sein fuß über schlangen
uns voraus gegangen

unter dem birnbaum

wie viele jahre noch alter freund
werden deine blätter sich senken
das licht sich verwegen verschenken
und kühne träume uns lenken
zwei komplizen für immer vereint

große sommer die wir hatten
trugen die stille zu dir hinauf
liebten der leichten winde hauch
grüner wogen wellenlauf
in der schönheit deiner schatten

nimm mich mit in das verschwinden
wenn zur nacht aus dichten zweigen
rabenschwarze vögel steigen
und in einem strengen schweigen
deine wurzeln tiefe finden

sag schon sprich

lass mich in deinen schatten treten
nimm mich mit in deine dunkelheit
mutterseelenallein und doch zu zweit
verwundet von all den nachtgebeten

die hände die füße ein seitenstich
ein trauerblick aus gebrochenem auge
vielleicht steigt silbern eine taube
gib deine stimme sag schon sprich

doch in der stille über dem meer
wandern die morgen die abendsterne
wir nehmen kurs auf nah und ferne
vielleicht nur noch heute dann kommt er

mit leichten schritten über den wogen
die stürme haben sich schon gelegt
am strand hat sich ein licht bewegt
und zarte spuren im sand gezogen

vor dem abendmahl

höchste zeit wirt dass du rüstest
steig in den keller den tiefen
hör auf die konspirativen
worte die sie riefen
ach wenn du nur wüsstest

eile verdammt ruf die knechte
treib deine mägde durchs zimmer
oben im festlichen schimmer
wird nichts mehr sein wie immer
schon naht die nacht der nächte

her mit dem brot dem sauren
schleife am stein deine messer
schlitze das lamm roll die fässer
wir sind dreizehn große esser
nicht mehr lange wird es dauern

bring uns die besten weine
die schweren schwarzen reben
aus kanaan wollen wir heben
es geht um tod oder leben
das deine das meine das seine

nachtlied

dort wo du dich verbirgst
möcht ich ein fremder sein
der spät erscheint an einem winterabend
er bleibt nicht stehn er kehrt nicht ein
doch war dein blick im mondenschein
so tief so streng so fragend

wo du verschwindest
möcht ich ein wächter sein
der dich verehrt in stillen stunden
auf roten lippen glänzt noch etwas wein
du bist so schön wenn du allein
gesucht wirst und noch nicht gefunden

wenn du mich lässt
werde ich ein schweiger sein
dich schützen tragen über weite wege
zur halben nacht tret ich zu dir herein
mit einem kleinen lächeln schläfst du ein
wenn ich mich leise zur dir lege

legt etwas heu in meinem sarg

legt etwas heu in meinem sarg
eine spur abendsonne aus mariafrieden
es reicht für die lange überfahrt
wohin hat ein prophet geschrieben

tragt mich hinaus auf bauernwegen
auf schwarzen tannen glitzert glanz
wo sich die späten schatten legen
aus farn ein letzter liebeskranz

ich bin ganz leicht für himmelfahrten
wenn die engel mich geleiten
zu einem freund im blütengarten
im ewigen morgen jenseits der zeiten

du wirst auch gehen müssen

als seist du da

die spannung bleibt
als seist du da
bist fern bist nah
kein nein kein ja
das uns befreit

dein schatten ist
ein winterschmerz
dein kühnes herz
zieht himmelwärts
sag wo du bist

den stürmen gleich
wenn keiner spricht
dein nachtgesicht
verrät dich nicht
so blass so bleich

kein blick kein wort
ein zartes spüren
sag wohin führen
die dunklen türen
am abschiedsort

komm sag mir wer du bist

ich kenne dich nicht
was sollen wir mit der nacht
der stille schwere übermacht
der sterne abgestürzte pracht
verhüllen dein gesicht

zögern verzeihen nächte nicht
sie fordern alles sofort
kein warten auf ein flüsterwort
am abgebrannten kerzendocht
verglüht ein letztes licht

komm sag mir wer du bist
trau dir das blinde wohnen
in kühnen schattenzonen
das nehmen das belohnen
wo nichts als tiefe ist

mädchen mit wehenden haaren

die ferne ist unsere nähe
die liebe ein dünnes tuch
du kommst wenn ich dich nicht sehe
du siehst nicht wenn ich dich such

die stille schützt unsere träume
zwei funken heimlich verführt
jenseits der zeiten der räume
umarmt und doch nie berührt

mädchen mit wehenden haaren
ich werd nicht dein bruder sein
wann wollen wir endlich fahren
ganz tief in den winter hinein

keine träne und keine trauer
am anderen ufer vom fluss
ist die nacht von gnädiger dauer
deine lippen dein atem dein kuss

femme

nimm mich mit in das verlies
deiner letzten sieben sachen
lass mich ein scheues feuer machen
die glut des dünnen kleids entfachen
komm mit ins halbe dunkel und genieß

das land entlang der seidenstraße
den rausch der gipfel und der glatten seen
führ meine hand spürst du das drehn
des südwinds über deine schulter wehn
das leichte beben der ekstase

lass mich dich suchen wo du wirklich bist
gib meinem mund den atem königlicher küsse
das beugen in die mündung ferner flüsse
ein letztes zögern vor der flut als müsse
ich mit dir versinken wo die tiefe ist

weiß und leer

ich sende dir ein weißes blatt
alle wünsche sind noch offen
es strömt das namenlose hoffen
in weite die kein ende hat

es bleiben nur die große leere
und unberührte zärtlichkeit
die stille schwebt in leichtem kleid
im morgenglanz über meere

zieh mit mir ein zieh mit mir aus
soweit die schritte reichen
es locken nähe und entweichen
die ferne ist unser zuhaus

hibiskus

wie eine zarte wunde
zur abschiedsstunde
vom reinen und leeren
kannst dich nicht erwehren

etwas blut etwas leben
sich im morgenlicht heben
mit schneeweißen blüten
deine zeit zu behüten

ihr spiel an den wänden
als würd es nicht enden
nur brennen und bleiben
wenn die zugvögel scheiden

und der wind leise wittert
wenn dein herz plötzlich zittert
weiß es längst will nichts wissen
du wirst auch gehen müssen

rondo

am abend nimmst du allen schmerz
mit deinen heilenden händen
die königlichen saiten wenden

die notenblätter himmelwärts
auf dem parkett des schweigens
tänzeln schritte federleichten reigens

an fernen küsten strömenden lichts
im ersten schnee im winterwald
spielen erregende engel bald

von stern zu stern über dem nichts
dem weißen blau der sinkenden flut
auf cello und harfe alles ist gut

wenn die mondsichel lacht

deine wunden streicheln
bei anbruch der nacht
nicht zögern nicht weichen
wenn die mondsichel lacht
etwas wind in den zweigen
streift deinen blick
wenn die sterne sich neigen
in das dunkel zurück
gib die zitternden hände
dein klopfendes blut
nur noch stille nur wende
und alles es wird gut

nachmittage

für mona

möchte dir vieles erzählen
an späten nachmittagen
du darfst alles fragen
ich werde alles sagen
keine stunden zählen

möchte lange mit dir schweigen
nur deinen atem hören
der stille zartes betören
wenn wir uns verschwören
und liegen bleiben

möchte mit dir verschwinden
dort wo die träume wohnen
in kühnen evasionen
und tiefen herzenszonen
feuer finden

mein apollinaire

Fermons nos portes
A double tour
Chacun apporte
Son seul amour

schließen wir unsre türen
schließen wir uns ein
jeder bringt wir spüren
seine liebe allein

zurück aus brancion

mit deiner hand
schreibe ich
andere gedichte
nachtgetränkte
wein auf den lippen oder
war es ein tropfen blut

mit deinem mund
küsse ich andere frauen
engelgleiche schweigende
schwestern deiner ferne
nichts sagen sie
kann uns mehr trennen

mit deinen augen
schaue ich das land
verwegener träume
untergetaucht
in deinen bildern
so warm getragen
von deinem atem
hinaus zu den fluchttoren
der steinalten stadt
ins weite

robertville

es war nicht der stein an deinem hals
vielleicht war es dein schwarzes kleid
der nackte arm dein blick jedenfalls
kam abgrundtief fast sprungbereit

so grün der see unter den bäumen
dein lächeln als bob dylan sang
wie frauen vor elegischen träumen
denen ein abschiedskuss gelang

dein schritt dein gang eine gazelle
du tanzt versunken für dich allein
es gibt nächte ungeahnter helle
dann stürzt ein goldener stern herein

engelskampf

eine nacht würde nicht reichen
der winter wäre zu kurz
wir würden nicht wanken nicht weichen
wandern auf brechenden deichen
verglühen im freien sturz

gewähr uns noch eine runde
durch der träume flüsterndes wort
und sei es nur eine stunde
beim kampf mit dem engel im bunde
wenn der tag graut am finsteren ort

doch kann ich dich nicht halten
dich lockt längst ein anderer ruf
dein kleid in verwegenen falten
auf steinen die schon erkalten
liegt bereit für seinen besuch

nachtzug in die ardennen

kein abschiedswort keine gesänge
noch ein augenblick im abendlicht
unsere hände lösen die alten fänge
keine träne auf deinem gesicht

ein letztes bier im eckccafé
dein rauch verhüllt dich silberblau
um deine lippen spielt noch etwas weh
das lächeln einer schmerzensfrau

der nachtzug fährt in die ardennen
in tiefere wälder in unser verlies
den namen werden wir nicht nennen
wo uns die stille alleine ließ

im dickicht ist noch farn und moos
die eilende zeit vertreibt alle fragen
die kälte kommt wir lassen uns los
und werden es im herzen tragen

wo der wind spielt

du hast mir alles genommen
es ist noch nicht genug
ich bin dir nicht entkommen
und bleibe spät zu besuch

es halten mich zauberarme
ich fliege doch bin ich frei
nimm mir alles und erbarme
dich über dem schrei

wir können endlich entgleiten
hinaus auf das brechende eis
horch in den alten weiden
spielt der wind ganz leis

diese nacht vielleicht

die kaiserin

die kaiserin die kaiserin
was führt die kaiserin im sinn
sie ist verliebt die maiennacht
hat sie um den verstand gebracht

ein junger mann an dunklem ort
er lockt sie ruft sie reißt sie fort
sie stürzt zu ihm schon sinkt sie hin
komm nimm mich deine kaiserin

sie flüchten lang sie flüchten weit
egal wohin wenn nur zu zweit
im wüstenzelt am meeresstrand
hält sie ihn fest küsst seine hand

du bist ganz mein nur noch die zeit
streift leise übers dünne kleid
der wind der wind die kaiserin
sie lacht sie liebt sie schwebt dahin

dann kam der mond sein kalter schein
wo war ein ort wo war ein heim
ihr kuss verwandelt sich zum biss
mitten durchs herz ein tiefer riss

er stürzt zu ihr schon sinkt er hin
komm lass mich gehn du kaiserin
sie lächelt nur die seel ich hab
und nimmt ihn mit ins blütengrab

der schlangenbiss

in der frühe ein schlangenbiss
das süße gift der flüsterungen
am abend der tödliche riss
die messer sind aufgesprungen

der mörder bin nur ich allein
mein schatten auf leisen sohlen
steigt in der nacht durchs fenster ein
und will meine seele holen

es ist spät und geht nicht gut
ich stehe bin nicht zu halten
gefesselt gefangen im eigenen blut
zerrissen zerbissen gespalten

tanz in stockem

du tratst mir auf den falschen fuß
der langsam dem richtigen nahte
kennst du noch unseren lieblingsblues
ich zog gern deinen kuss zu rate

du warst eine bezaubernd schöne frau
mit kleinen couragierten brüsten
beim ersten tanz wussten wir genau
dass wir zusammen bald müssten

du zogst mich an ich zog dich aus
die päpste nennen das vereinen
bald strahlten in unserem bauernhaus
wie orgelpfeifen die fünf kleinen

der himmel lachte wir liebten uns sehr
das leben war ein kindheitstraum
wir reisten im sommer ans bretonische meer
und saßen nachts unterm birnenbaum

an das christkind haben wir alle geglaubt
sturm und frost taten niemandem weh
der hennen hahnemann krähte sehr laut
in stockem rieselte pulverschnee

es bleibt eine unvergessliche zeit
unsere heimat in rasender welt
manchmal hatten wir etwas streit
doch was fehlte war meist nur das geld

es ist schon spät die kleinen sind groß
wir tanzen wieder allein
weine doch nicht was ist denn bloß
komm schenk uns noch einmal ein

simenons rückkehr nach lüttich

die maas ist süchtig nach meer
auf den wellen spielt etwas helle
auf den brettern der passerelle
sind seine schritte so schwer

der abendwind fegt das laub
durch die mariengassen
er wartet er kann es nicht lassen
unter platanen wirbelt der staub

in saint pholien eine schwarze messe
für die alten von nebenan
er kannte schon als junger mann
um die ecke eine gute adresse

oben links auf dem boulevard
zweite etage das dämmernde zimmer
der seidenvorhang riecht noch immer
nach ihrem roten haar

neuropathie

nicht mehr in eile
ganz kleine schritte
zur goldenen mitte
zeile für zeile

nichts als das heute
die langsamen dinge
im wasser die ringe
die spärliche beute

singen und schweigen
an einsamen orten
vor hohen pforten
etwas wind in den zweigen

die nacht überleben
die frühe erwarten
draußen im garten
blühn bald die reben

spätsommer in stockem

die ersten abende erkalten
oben in stockem blüht der knöterich
das späte licht sinkt meisterlich
ein paar strahlen nicht mehr festzuhalten

geranienrot am fenster blutet
die malven zählen ihre zeit
der laue wind zieht schwer und weit
am westlichen himmel feuer flutet

es naht ein schnitt ein leiser schmerz
du spürst das sommerglück entgleiten
allem abschied schon den weg bereiten
er kommt zur nacht und will dein herz

limburg

jetzt ist alles getan
alle schlachten geschlagen
selbst der rote walram
in die krypta getragen

der hügel verrät
nicht seine toten
wer danach gräbt
weckt unheilsboten

vom könig die gier
vom kaiser die knochen
jetzt ruhen sie hier
stillen messen versprochen

die asche der krieger
in vier winde vertrieben
das grinsen der sieger
die beute verschwiegen

im hertogenwald
harren noch frauen
geht der winter sehr alt
ist nur ihnen zu trauen

neujahr 2012

wer weiß in welchem neuen glanz
im frühen jahr die blüten springen
wird es ein zögern oder ein tanz
wird er auf dünnem eis gelingen

gewährt uns das glück noch eine frist
etwas licht auf steinigen wegen
die der sommerwind zärtlich misst
verborgenen zielen entgegen

vielleicht ist noch irgendwo eine hand
beim tastenden suchen nach wende
vielleicht ein letztes gelobtes land
das sich jenseits der wüste fände

der schatten von einem angesicht
das glühen gütiger augen
ein mund der zu uns leise spricht
nur noch der stille zu glauben

die brüder

zum gedenken an paul und heinz bourseaux
vermisst und gefallen im 2ten weltkrieg

manchmal am abend kommen stunden
im tiefen schatten kann man euch sehn
die alten fronten längst überwunden
dann will die sonne nicht untergehen

eure nähe trägt jetzt andere farben
das grau verschwand im wiesengrün
in blühenden dornen heilten die narben
alles verklärt ihr und lächelt so kühn

es bedeckt euch die fremde erde
brüderlich wie ein gutenachtgebet
es lehrt uns leise stirb und werde
wenn der wind aus dem osten weht

und weiße birken späte zeichen geben
wie einem lange gesuchten kind
das endlich heim fand heim ins leben
wo vater und mutter glücklich sind

robert lax in memoriam

weshalb so schweigsam
alter vater
gehst du noch immer
über küstenpfade
enge gassen
kannst du es immer
noch nicht lassen
beim abendlichen bade
vor der sterne erstem schimmer
wie gottes heimlicher berater
wenn auf den hügeln
bauernfeuer rauchen
noch einmal tief
ins meer zu tauchen

hältst du mit deinem freund chagall
ein pläuschchen
über des lichtes korridore
oder lachst du
mit merton
dir ins fäustchen
während vor dem himmelstore
im glanze goldener monstranzen
splitternackte
engel tanzen

schreiben ist
in der ewigkeit verschrien
mit deinen blauen augen
siehst du jetzt die täter
nur rilke rezitiert
aus seinen elegien

du aber singst im chor
der wüstenväter
unter rauschenden palmen
hebräische psalmen
und kraulst den katzen
sanft das ohr

den himmel kanntest du
ja schon auf erden
hoch über patmos
im weißen haus
atmetest du selbst
im leisen sterben
den österlichen christus
ein und aus
das wasser leuchtete wie wein
ich war sehr glücklich
und sehr klein
dann tranken wir
zwei alte zecher
champagner aus dem plastikbecher

sehr spät im advent

noch ist nicht die dunkelste nacht
ein bündel holz etwas glut wie immer
auf dem stein ihr rötlicher schimmer
verträumt im halben schlaf bewacht

die tage sind noch nicht ausgezählt
scheues mädchen banges kind
eilst am bergpfad so geschwind
sag uns wer hat dich auserwählt

im tiefen osten steigt ein licht
drei schatten nahen zu besuch
ein schatz gehüllt im seidentuch
sie ahnen was und wissen nicht

der kaiser zählt das lumpige geld
seiner schergen grinsender dank
ihre messer liegen schon blank
ein stall ein engel im offenen feld

gründonnerstag

nimm meine nackten füße
in deine meisterhände
wasch alles ab und wende
der stürze todessüße
die ferse noch umfangen
von all den leichten spielen
als die zungen der schlangen
das herz überfielen

reich uns noch einen bissen
in die zersprungenen münder
wir werden dich sehr vermissen
wie die ärmsten aller sünder
auf den steinen die erkalten
kniend nach brocken tasten
sie für himmelsbrote halten
in der wüste beim großen fasten

schenk uns noch einmal ein
von dem schweren dunkelroten
kein abend ist ohne wein
es singen sogar die toten
dir etwas vor in ihrem rausche
süchtig nach dem trost der reben
ein letzter becher und dann tausche
das elende sterben ins leben

wir alle sind unnütze knechte
in den händen fremder frauen
wenn im hauch der späten nächte
wir uns in die augen schauen
einer weint ein andrer erhangen
im garten ging noch mal dein blick
dann ließt du dich wehrlos fangen
in die heiligen hände zurück

taizé

die hätten sich das nicht träumen lassen
die fürsten von burgund
die schwarzen mönche von cluny
aber in den gärten von cormatin
blühen wieder die apfelbäume
und der felsenwein von buxy
war lange nicht so reif
drum fürchtet nicht diese nacht
vor karfreitag im regen
auf dem hügel ein feuer
in der ferne der gesang des festes
bernhard schlurft durch
die kreuzgänge
der blinde abt von cîteaux
der schlaflose vater und wächter
lauscht und weiß
dieser frühling
wird kein ende nehmen

advent

ist nicht schon alles längst gesagt
die letzte vesper bald gesungen
eine einzige frage immer wieder gefragt
ganz ausgebetet ausgeklagt
schon eine knospe aufgesprungen

das jahr ist alt und zögert noch
in der ferne einer der spricht
du glaubst es nicht und glaubst es doch
und schaust hinab ins finstre loch
und schaust und traust dich nicht

der winter wird nicht barmherzig sein
verlangt einen hohen preis
du willst hinaus und willst hinein
der schneesturm fegt die wunden rein
im see erstarrt das eis

das feld ist leer kein feuer brennt
kein engel mit goldenem haar
küsst dich und seinen namen nennt
nur zartes licht im stillen advent
im land wo die kindheit war

allerheiligen

kommt lasst euch heftig küssen ihr entrückten
freunde denen die letzten stunden glückten
ihr habt die glut das eisen ausgehalten
die weiten wege wenn die nächte früh erkalten

in unseren herzen brennen eure namen
lichterloh dann strömt ihr heißer atem
wieder zurück in unser schwaches blut
ihr schweigt ihr lächelt doch wie gut ihr tut

ich liebe euch ihr frauen in den dunklen nischen
das staunen eurer brüder an den emmaustischen
ich liebe eure stille zärtlichkeit

wenn zwischen feuchten steinen junge myrte blüht
und asche schwindet wenn der segen sprüht
selbst in der herrlichkeit noch todbereit

diese nacht vielleicht

zum tode von silja walter

heut abend diese nacht vielleicht
kein wort bleibt mehr zu sagen
allein dein stiller schatten reicht
vom frühlingswind getragen

ich lass einen spalt die türe auf
du brauchst nicht anzuklopfen
nur noch gesang dein mund dein hauch
die herzen stehen offen

tänzelnd eilt dein schritt dein tritt
auf kalten klostersteinen
nimmst du mich in die ferne mit
wo die wege sich vereinen

ich suche dich du bist längst da
ich halt dich bist verschwunden
unendlich weit dem glück so nah
ganz frei dem schmerz entbunden

müde fließt der breite strom

köln ostende

immer züge
durch höfe und hallen
nur abschiedsgeschichte
und schritte die knallen
geräusche gerichte
der lebenslüge

all die stationen
der ankunftslosen
delvaux auf den gleisen
die nackten die rosen
ihr nächtliches reisen
wird uns nicht schonen

überall ist ostende
die rasenden bäume
die brueghelstädte
nur schneeweiße räume
und hoffnungsglätte
dass sich etwas wende

lüttich

als lägst du an einem südlichen meer
zwischen weinlaub und rauen felsen
die schwärmenden möwen lieben sehr
deiner kähne wiederkehr
an bord die trunkenen helden

dein feuer züngelt lüsterne stadt
deine glut in nächtliche gassen
spielst du gewagt mit leben und lassen
des teufels schatten ist nicht zu fassen
der deine schwarze seele hat

die kathedrale steht über festlichen tischen
wo die tanzenden toten wohnen
das fußvolk verjubelter revolutionen
zieht in marienprozessionen
die segen und schnäpse mystisch mischen

und müde fließt der breite strom
vom quai de la batte in die niederlande
es fließen die zeit die schönheit die schande
wie das haar einer frau mit rotem bande
und der für immer verlorene sohn

athos

von der nacht gestreift
vom mondlicht gebleicht
zum sterben bereit
für alle zeit

nur diese reise
vielleicht heute ganz leise
in östliche zonen
wo die heiligen wohnen

erbarmen erbarmen
die seligen armen
im staunen im sehen
nur zu ihm gehen

bethlehem

die hirten bangen wenn du für uns
deine seite öffnest blut und wasser fließt
und im dunklen stalle deine kunst
des lebens zwischen den steinen sprießt

ein stern zieht durch die frostnacht
und einer jungen mutter schoß
sprengt die magie der schwerkraft
das kleine wird ganz groß

der mond hält seinen lauf an
die herde flieht ins gebirg
und oben blickt ein verklärter mann
in den gelobten bezirk

als sei es sein land seit allen zeiten
des kindes atem sein einziges wort
die wüste blüht ihn zu begleiten
und dornen glimmen am heiligen ort

christusfresko in chevetogne

ahnte dass du auch den tod bestehst
das weltenende und die letzten zeichen
das abschiednehmen und erreichen
ahnte dass du das herz erregst

wollte nur in deinem lächeln lesen
der alten väter überlebenswillen
den großen durst nach etwas liebe stillen
und weitergehen als sei nichts gewesen

würde dir gerne in den aschegrauen
den feuerroten trennungszonen
dort wo die armen seelen wohnen
nah bei den wolken eine hütte bauen

und noch diesen einen winter warten
auf eines engels zarten schritt
schon eilt ein stern vielleicht nimmt er uns mit
hinauf bei seinen himmelfahrten

fronleichnam in den ardennen

wohin sollen wir dich tragen
wenn keine kriege mehr sind
die litaneien und heldensagen
verrauschen im sommerwind

vom dunkel der kathedralen
hinaus aus der steinernen stadt
die eilenden segen verstrahlen
mit weihrauch das letzte blatt

hoch das brot der monstranzen
der wälderwand tapisserien
vor den altären tanzen
sankt hubertus und die marien

der herr über gefallenen heeren
all die kreuze die gräber die glut
seht seinen leib und verehret
die letzten spuren von blut

allerseelen

ihr lodert nicht
in einem fegefeuer
geht nicht enthauptet
blut im gesicht
im rachen wilder ungeheuer
steht nicht in schweren ketten
falls ich bin sagt gott
werd ich euch retten

weshalb meldet ihr euch
nicht mehr niemand
wacht an höllengängen
wir hören nichts
von euren lobgesängen
von seligem verlangen
sagt endlich
wer hält euch gefangen

ist da jemand
von dem wir
nicht zu sprechen wagen
spricht er zu euch
könnt ihr ihn fragen
ob er in der stille thront
und väterlich in stille hüllt
der bei ihm wohnt

händels harfe

spiel bitte noch eine weile
wir halten es nicht mehr aus
das schweben der zitternden saite
ein abschiedswort komm und eile
unserer sehnsucht voraus

wir können dich nicht lassen
dem lockruf widerstehn
als sei mit händen zu fassen
noch einmal vor dem verblassen
die fliehende schönheit zu sehn

es schwebt die weise der stille
sie nimmt dich auf trägt dich fort
durch der nächte rauschende fülle
ein hauch noch und ihre hülle
fällt am entlegenen ort

sonnentanz in fatima

lass bitte der sonne noch einen tanz
schenke uns feuer das nicht verbrennt
einen regenbogen mit gold besprengt
ein wolkenband das scheu sich senkt
auf deiner augen blauen glanz

kinder erzählen bei anbruch der nacht
du seist die schönste aller frauen
eilen im schlaf um dich zu schauen
aus grünem holz drei hütten bauen
bevor der erste vogel lacht

was wissen wir schon von fernen sternen
die rosen glühen im ersten licht
verhüllen wenn wieder der tag anbricht
das geheimnis von deinem angesicht
wir haben noch alles zu lernen

führ uns zurück in den blütengarten
wo der silberne tau sich legt
dein mantel sich im baum bewegt
ein kuss vielleicht ganz unerregt
wir staunen schweigen und warten

serbische reise

nimm mich mit auf die serbische reise
in das blutige winterland
ich bringe dir opfer und preise
deinen namen deine schrift deine hand

vielleicht kennst du auf den bergen
in wäldern ein verlassenes dorf
es schweigen die toten die schergen
im ofen glimmt etwas torf

wir schmiegen uns an die asche
und halten uns lange fest
unter dem tisch rollt noch eine flasche
wir teilen den feurigen rest

alle scheiben sind zerbrochen
doch deckt das stroh uns warm
reine nacht ist dir versprochen
nur noch stille dein atem dein arm

kloster der schlaflosen frauen

die frauen liegen bei anbruch der nacht
zu deinen durchbohrten füßen
du hast sie haltlos und trunken gemacht
in blühenden wüsten

dann gehen sie aus der zeit heraus
und küssen die ikonen
ihr mund weiß wo im kerzenhaus
die zärtlichsten heiligen wohnen

sie sind so leis wie liebende sind
mit ihren zitterhänden
ihr atem kommt und geht geschwind
und will sich ganz verschwenden

und stille hält die schlaflosen frauen
auf höhenwegen eng zusammen
du bist ihr dorn ihr busch ihr baum
und stehst im sturm in flammen

elija

1 kön 19, 1-8

als zögest du nicht mit den stürmen
mit den fluten den todesarmeen
die sich grau am horizont türmen
zerschmettern zerreißen zermürben
dem feind kalt ins auge gesehen

als drohtest du nicht in den beben
als schlügest du nicht mit blitz
die sich in gräbern erheben
gieren nach ewigem leben
vor des königs goldenem sitz

als wärest du ein ungeheuer
hättest die flammen verschluckt
nur noch kohle auf opfergemäuer
etwas glut auf dem mund rotes feuer
geschwind in die asche gespuckt

es streiten ben hadad und ahab
die nacht hat sich schon geneigt
verschwebend ein säuseln verschweigt
und der mit dem mantel steigt
im frühlicht vom berge hinab

im hohen venn

das hohe venn ist unser meer
das wollgras wie weiße strände
sturm fegt die tiefen himmel leer
die dünen die tannenwände

und immer lockt die einsamkeit
die verlobten in tobende see
am kreuz bricht die verlorene zeit
in die leere aus wehendem schnee

die sommer führen nach nirgendwo
kein heim kein hof kein haus
dann schlagen die flammen lichterloh
ins große moor hinaus

in schwarzen löchern glüht der torf
wie an gräbern ein irres gesicht
nur in der ferne im letzten dorf
glimmt noch ein schwaches licht

die tropfen die sterne

zähle die tropfen die sterne
es naht die beschworene zeit
sie wechselt zur nacht in der ferne
ganz still ihr uraltes kleid

eile ihr barfuß entgegen
nimm nichts mit als den schmerz
biet ihr die stirn zum segen
und öffne dein armes herz

sie wird deinen namen sagen
den wahren den sie nur kennt
keine tränen mehr keine klagen
nur nähe als sei schon advent

der morgen ist ohne ende
große weite und wiedersehen
die schönheit sucht deine hände
du darfst ihr entgegen gehen

INHALT

diese nacht vielleicht

müde fließt der breite strom

1. Auflage 2015

www.udo-degener-verlag.de

Gestaltung und Umschlag: U. Degener
Titelbild: Vincent van Gogh, Sternennacht, 1889
ISBN: 978-3-95497-701-7